QUÉ PASA CUANDO mi hermano(a) tiene cáncer

Escrito e ilustrado por
SARA OLSHER

UNTANGLE BOOKS

¡Hola, mi nombre es Mia!

Y este es Stuart.
Stuart se siente bien cuando él sabe qué
es lo que va a pasar cada día.

(En realidad, **todos** nos sentimos bien cuando
sabemos qué va a pasar - ¡incluso los adultos!)

Muchas veces hacemos las mismas cosas en las mañanas. Nos despertamos.

Desayunamos.
(A mi me gustan las manzanas.
Stuart solo come insectos.)

Normalmente, nuestras noches son las mismas también.
Nos lavamos los dientes.

Nos ponemos nuestras pijamas y nos vamos a la cama.
Cada día termina cuando nos vamos a dormir.

Pero nuestros días pueden ser diferentes.

Algunos días vamos a la escuela, y otros días es fin de semana.

VIERNES

SÁBADO

DOMINGO

día para jugar, ¡Hurra!

Cuando algo grande cambia, lo que hacemos cada día también puede cambiar. Stuart quiere saber qué sucede con nuestros días cuando nuestro hermano o hermana tiene **cáncer**.

Pero él realmente no comprende qué es el cáncer. ¿Y tú?
El cáncer es como una enfermedad, pero
no se puede contraer como se contrae un resfriado.
¡Así es como funciona!

Cada ser vivo está formado por pequeños individuos llamados **células**.

Las células son como bloques, pero se juntan solas.
Una cosa realmente interesante de las células es
que una célula puede convertirse en dos células
cuando quiera. (Guau, ¿verdad?)

Eso significa que las células pueden construirse y construirse y construirse.
¡Es como construir con LEGO y nunca quedarse sin bloques!

¡Imagina la torre que podrías construir

Cada célula tiene un trabajo.
Juntas construyen partes del cuerpo y luego les dicen cómo trabajar.
¡Hacen que los corazones latan, las piernas caminen, los pulmones respiren
y mucho más!

Las células son muy amables.
Se dan espacio para trabajar y dejan de producir nuevas células cuando
tienen suficiente para hacer un trabajo.

Pero a veces se produce una célula descompuesta.
Se ve rara, actúa raro y no sabe cuál es su trabajo.
Lo único que recuerda es cómo hacer más células.

Nadie hizo que esta célula se descompusiera.
¡No fue nada que la persona comió o hizo mal! A veces, las células se descomponen.

Y una o dos células descompuestas no es gran cosa,
porque nuestras células sanas pueden deshacerse de ellas.

Pero a veces las células sanas no ven a las células descompuestas ...

trabajar,
trabajar...

... y las células descompuestas siguen produciendo más y más células descompuestas, cada vez más rápido.

Al pasar del tiempo, se convierte en un gran lío.

Este enorme lío de células descompuestas se llama **cáncer**.

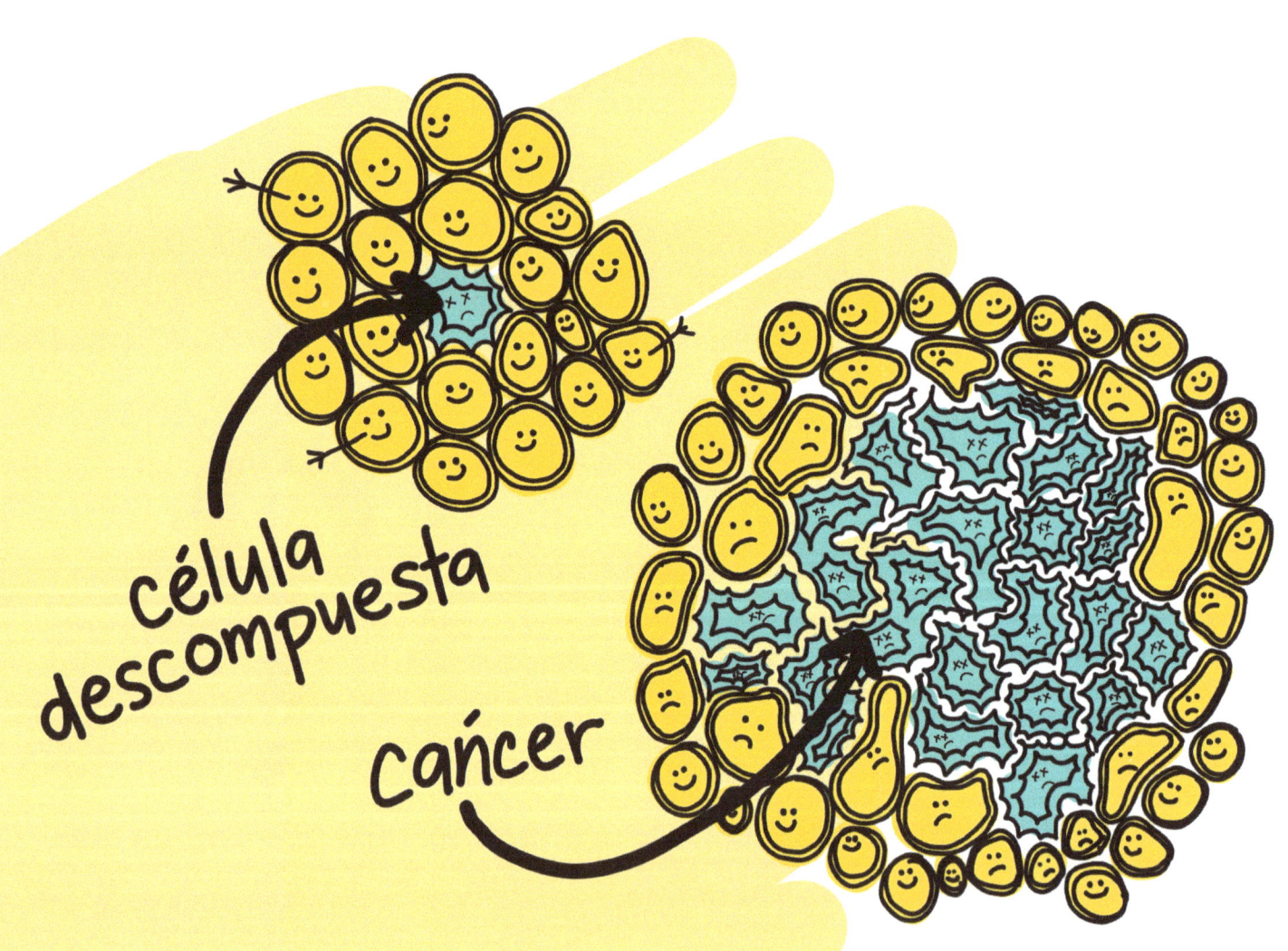

célula
descompuesta

cáncer

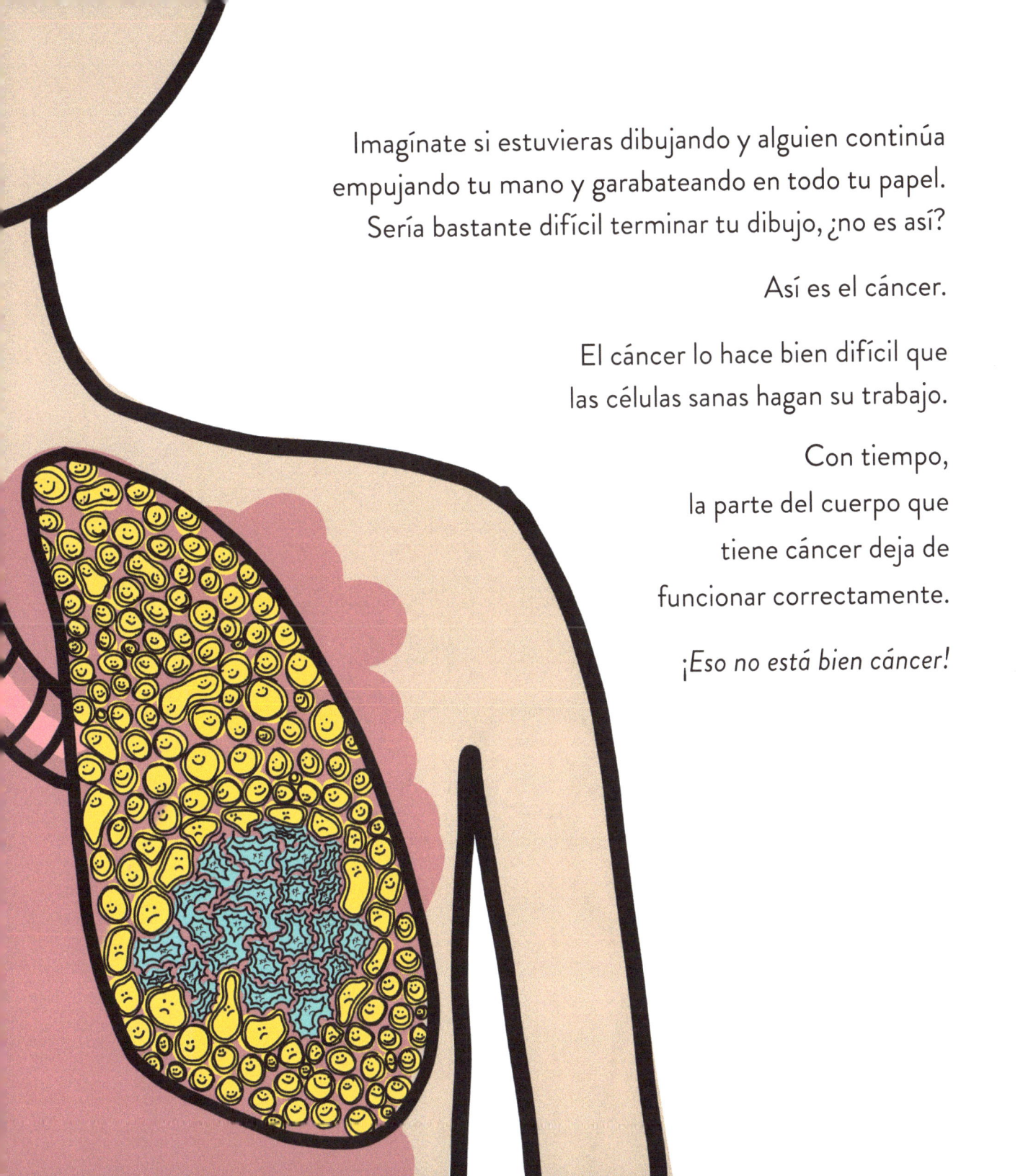

Imagínate si estuvieras dibujando y alguien continúa
empujando tu mano y garabateando en todo tu papel.
Sería bastante difícil terminar tu dibujo, ¿no es así?

Así es el cáncer.

El cáncer lo hace bien difícil que
las células sanas hagan su trabajo.

Con tiempo,
la parte del cuerpo que
tiene cáncer deja de
funcionar correctamente.

¡Eso no está bien cáncer!

Cuando nuestras células sanas están rodeadas de cáncer, no pueden hacer su trabajo. Y si no pueden hacer su trabajo, es posible que nuestros cuerpos no funcionen bien. Entonces, cuando alguien encuentra cáncer en su cuerpo, definitivamente quiere sacarlo.

Pero, ¿cómo sacamos el cáncer?

Para sacar el cáncer, algunas veces los doctores tienen
que hacerle una cirugía a la persona.

Esto significa que los doctores tienen que poner a la persona a dormir en el
hospital, después cuidadosamente sacan las células
descompuestas con un pequeño cuchillo.
La persona no siente nada durante la cirugía.

Esto puede significar que la persona
no va a estar en su casa por unos días
porque estará en el hospital.

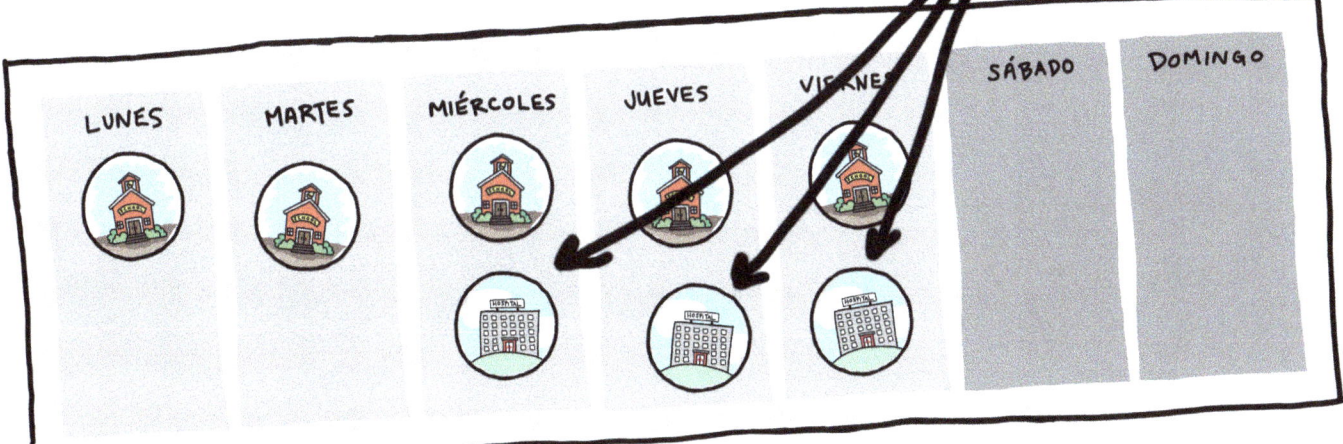

Los doctores también pueden darle a la persona un medicamento llamado quimio. El medicamento de quimio elimina el cáncer, pero también hace algunas cosas que no son divertidas.

Una cosa que hace que es un poco extraña y tal vez chistosa y también triste: esto puede hacer que a la persona se le caiga el cabello, por lo que quedan totalmente calvos hasta que terminen con el quimio.

También hace que la persona se sienta cansada o enferma durante mucho tiempo. No pueden correr, ni saltar, ni jugar como estaban acostumbrados.

Algunas veces, los doctores usan una máquina grande para eliminar las células cancerosas con un rayo de calor llamado radiación, y todas desaparecen.

Para recibir la radiación, la persona se acuesta en una mesa mientras una máquina envía los rayos. La persona irá al doctor para recibir radiación todos los días (excepto los fines de semana) durante muchas semanas.

La radiación no duele, pero la piel de la persona puede enrojecerse, como una quemadura de sol, y la persona también puede sentirse cansada.

Ambas cosas desaparecen rapidamente después de que termine la radiación.

Bueno, no durará para siempre...

Para recibir quimio, la persona va a una cita médica especial y se sienta en una silla durante unas horas mientras el medicamento entra en su cuerpo.

A veces van todas las semanas, y a veces, van menos seguido.

A veces pueden pasar la noche en el hospital. Un adulto los acompañará.

De cualquier manera, generalmente reciben la quimio durante muchos meses.

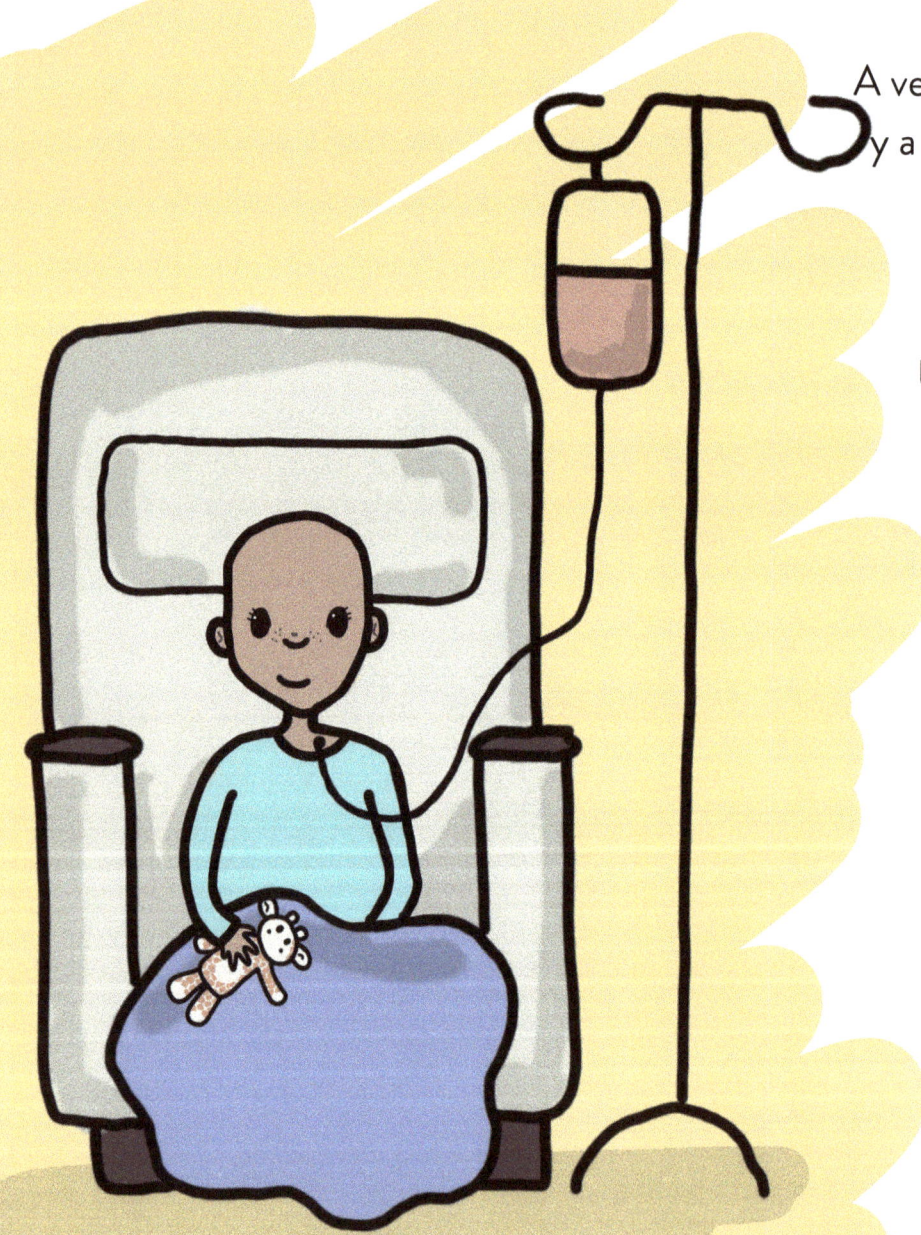

Todo esto le pone a Stuart un poco nervioso.
Él quiere saber - ¿que hay de mí?
¿Qué es lo que va a pasar?

Si tu hermano(a) recibe la quimio, hay algunos días en los que no les molesta mucho. Pueden jugar juegos tranquilos o hacer una manualidad juntos.
O, ¡es posible que todavía tengan ganas de correr y jugar!
Hay muchas actividades que pueden hacer.

Pero otros días, el cuerpo de tu hermano o hermana puede doler o sentirse cansado. En esos días, es posible que necesiten realizar actividades tranquilas, como ver una película, o que solo necesiten dormir.

A veces esto da miedo. ¡Estás acostumbrado a verlos fuertes y activos! La quimio hace que su cuerpo se sienta débil, pero siguen siendo la misma persona, y por dentro siguen siendo fuertes. Solo están cansados.

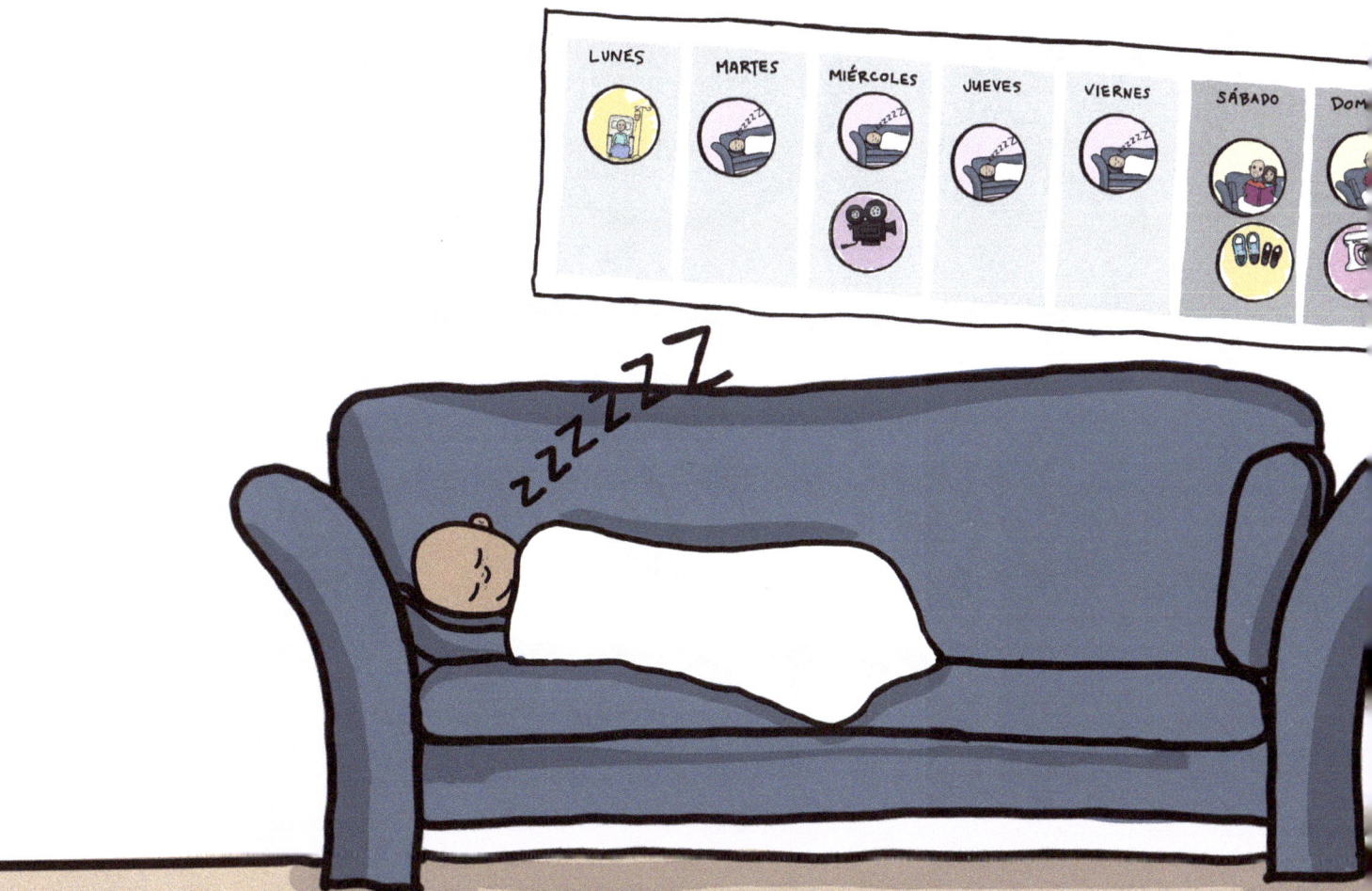

Cuando tu hermano o hermana tiene cáncer, todos en la familia tienen sentimientos muy grandes. Puede significar que tus padres están tristes y lloran a veces, o que se enojan más fácilmente que antes.

Muchas cosas son diferentes después del cáncer, como:

Tus padres pueden estar muy ocupados con citas médicas o visitas al hospital.

Tu casa puede sentirse extra RUIDOSA o SILENCIOSA

¡porque la genta está ahí para ayudar!

porque tu hermano(a) está durmiendo o en el hospital.

Tal vez tu hermano (a) esté actuando diferente porque está cansado o tiene GRANDES sentimientos.

¡Tal vez tú también estás actuando diferente!

Tu familia podría tener mucho cuidado con los gérmenes. Las personas con cáncer pueden enfermarse fácilmente.

GRANDES cambios como estos pueden hacerte sentir solo (a).

Sentirse solo es normal. Es posible que sientas muchos sentimientos importantes. Es posible que te sientas celoso de tu hermano o hermana por recibir más atención. Así que podrías sentirte mal por sentirte así. Puedes sentirse asustado, enojado, triste o confundido(a). Todos estos sentimientos están bien.

Está bien ser feliz, también. Está bien reírse, incluso cuando las cosas parecen ser difíciles. ¿Sabes qué más está bien? ¡Echar de menos cómo solían ser las cosas! No será así para siempre, y hay muchas maneras de sentirse mejor, como:

Desafortunadamente, no hay nada que puedas hacer para que el cáncer desaparezca por sí mismo. No hiciste nada para que apareciera (eso es imposible) y tampoco puedes detenerlo.

Eso es frustrante. Pero hay algunas maneras de ayudar a tu hermano o hermana, como leerles un libro, hacerlos reír, jugar un juego, escuchar música o darles un refrigerio.

Algunas personas tienen un cáncer que desaparecerá para siempre. Algunas personas tienen cáncer que desaparece por un tiempo y luego regresará.

Todos los cambios que vienen con el cáncer definitivamente no son divertidos, pero cuando sabes qué esperar, no dan miedo. ¡Y hay muchas cosas que celebrar! Tu familia está aprendiendo a hacer cosas difíciles juntos.

¡Cada vez que tu hermano o hermana termina
la quimio o radiación o llega a casa del hospital,
tu familia definitivamente debe celebrar!

Y, por supuesto, si el cáncer desaparece, todas las células están
haciendo su trabajo y el cuerpo vuelve a estar saludable.
¿Y sabes lo que eso significa?
Un cuerpo sano que pueda ¡correr, saltar, nadar
y jugar de nuevo. . . y le crece cabello nuevo!

Stuart se siente mucho mejor ahora que sabe qué esperar. Aunque nuestros días pueden ser diferentes, es útil planificar nuestra semana juntos para saber qué sucederá.

Podemos planear actividades que esperamos con ansias, como hacer manualidades, ver una película o ir a la casa de un amigo a jugar.

Y recuerda, tu familia te quiere mucho. ¡Eres una persona muy importante para ellos! Es importante compartir tus preocupaciones y sentimientos con un adulto. ¡Todos estos cambios pueden ser difíciles!

Al planificar un tiempo especial juntos, tienen un momento en el que saben que está bien hablar sobre sus sentimientos. *¡Podemos hacer cosas difíciles, juntos!*

Hola, mi nombre es Sara, y también tenía cáncer.

Escribí este libro porque me gusta dibujar y ayudar

¡Cosas que amo!

leyendo

bailando (mal)

mi familia

mi perro

naturaleza

el dulce

los gatos

meditación

(Durante un tiempo no tuve cabello. Creo que mi cabeza tiene una forma encantadora.)

Vivo con mi hija, mi pareja, y nuestros gatos y perro. ¡me gustaría tener una cabra y llamarla Coliflor!

?!

Hago todos mis dibujos en un iPad con un lápiz de Apple.

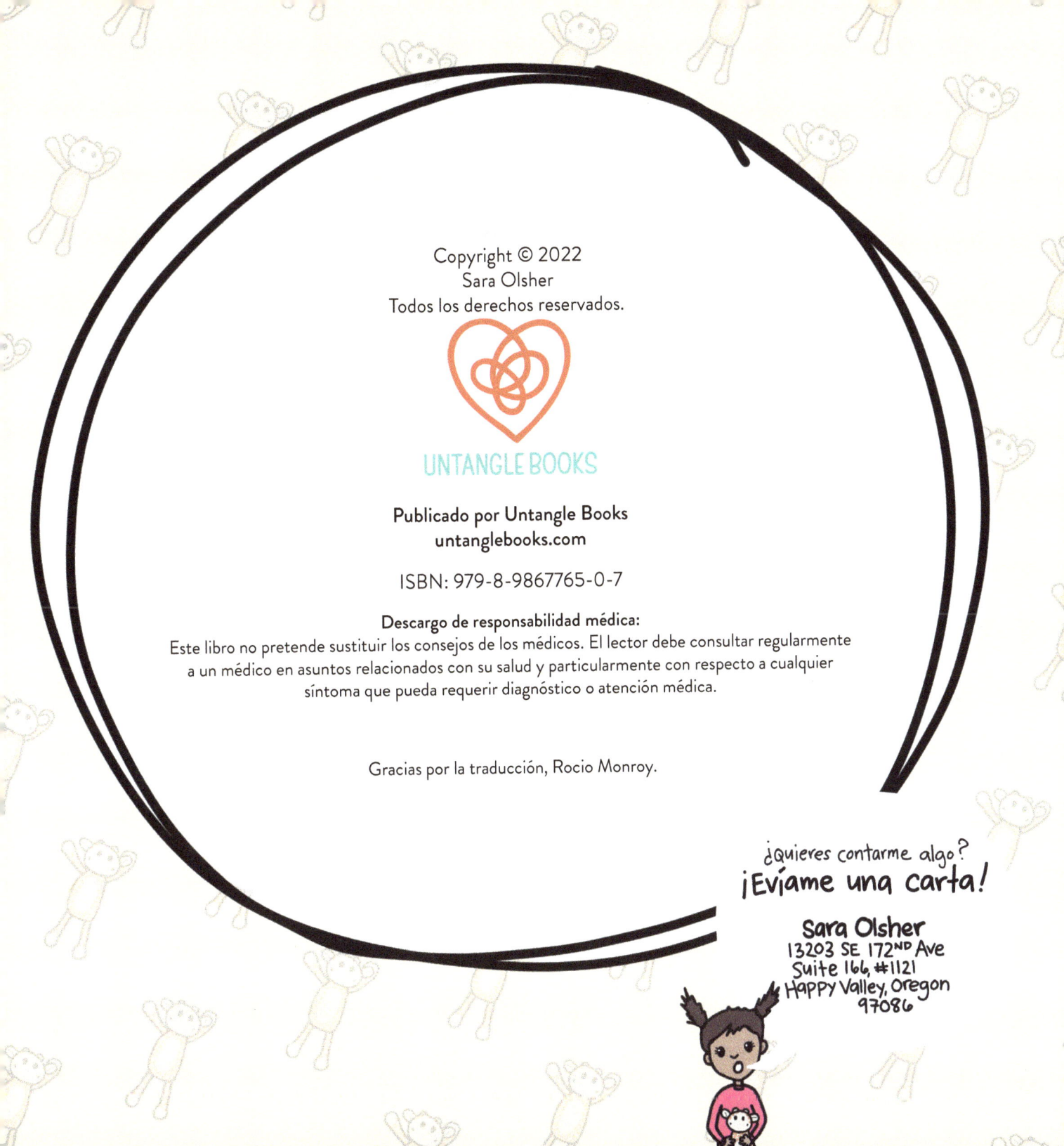

UNTANGLE BOOKS

Publicado por Untangle Books
untanglebooks.com

ISBN: 979-8-9867765-0-7

Descargo de responsabilidad médica:
Este libro no pretende sustituir los consejos de los médicos. El lector debe consultar regularmente a un médico en asuntos relacionados con su salud y particularmente con respecto a cualquier síntoma que pueda requerir diagnóstico o atención médica.

Gracias por la traducción, Rocio Monroy.

¿Quieres contarme algo?
¡Envíame una carta!

Sara Olsher
13203 SE 172ND Ave
Suite 166, #1121
Happy Valley, Oregon
97086